DEUS UNO E TRINO

Capa:

Uma escultura, concepção da Santíssima Trindade pela artista alemã: Beate Peilent.

De um mesmo tronco (um só Deus) saem dois braços (o Pai e o Filho) que estão unidos pela Luz (o Espírito Santo), formando um útero onde cada um de nós é gerado (Sl 138-139,14-15) e nele continuamos a viver: "Nele temos a vida, o movimento e o ser" (At 17,28).

Olhe, medite e procure sentir-se nesse colo materno.

(Sl 130-131)

Quarta capa:

Nossa Senhora da Santíssima Trindade. Imagem esculpida em madeira – Capela das Servas da Santíssima Trindade (São Paulo).

"Maria guardava O TUDO no seu coração" (Dom Tepe).

CARMITA OVERBECK

DEUS UNO E TRINO

Dados Internacionais de Catalogação na Publicação (CIP)
(Câmara Brasileira do Livro, SP, Brasil)

Overbeck, Carmita
    Deus uno e trino / Carmita Overbeck. — São Paulo : Paulinas,
2001. — (Coleção Oração e vida)

    Bibliografia.
    ISBN 85-356-0513-4

    1. Retiros espirituais 2. Trindade 3. Trindade - Meditações I. Título. II. Série.

01-4071   CDD-231.044

Índices para catálogo sistemático:

1. Santíssima Trindade: Teologia dogmática cristã 231.044
2. Trindade: Teologia dogmática cristã 231.044

Direção geral: *Maria Bernadete Boff*
Coordenação editorial: *Noemi Dariva*
Revisão: *Gilmar Saint'Clair Ribeiro*
Gerente de produção: *Felício Calegaro Neto*
Direção de arte: *Irma Cipriani*

2ª edição – 2002

Nenhuma parte desta obra poderá ser reproduzida ou transmitida por qualquer forma e/ou quaisquer meios (eletrônico ou mecânico, incluindo fotocópia e gravação) ou arquivada em qualquer sistema ou banco de dados sem permissão escrita da Editora. Direitos reservados.

Paulinas
Rua Pedro de Toledo, 164
04039-000 – São Paulo – SP (Brasil)
Tel.: (11) 5085-5199 – Fax: (11) 5085-5198
http://www.paulinas.org.br – editora@paulinas.org.br
Telemarketing: 0800-7010081

© Pia Sociedade Filhas de São Paulo – São Paulo, 2001

Carta – Dedicatória

Franzisca, filha querida,

Este livrinho é dedicado a você que há tanto tempo me chama de mãe e, no entanto, sou eu que me sinto sua filha, pelo muito que você me tem dado com seus ensinamentos e principalmente com sua própria vida.

Neste livrinho você sentirá a ressonância e o perfume de tudo que nos deu naquele maravilhoso Seminário-Retiro de dez dias em março de 1999, encontrará também as minhas próprias reflexões.

Tudo que recebi aqui partilho com os participantes dos meus retiros do ano 2000 e com meus futuros leitores.

Peço a Deus Uno e Trino que a abençoe e continue a lhe dar forças para que a "Cigana do Cristo" vá pelo mundo fazendo o bem.

Com gratidão e carinho, sua "Mãe-Filha",

Carmita

Nota: A Irmã Franzisca Carolina Rehbein é teóloga, religiosa da Congregação do Espírito Santo, morou muitos anos no Brasil e hoje mora na Holanda no *Spirituality Center Arnold Jansen.*

Apresentação

Pede-me a queridíssima Carmita a apresentação deste seu livro. Mais um que o Divino Espírito santo a inspirou a escrever, dando seqüência aos outros tantos que têm brotado de sua pena carismática de divulgadora apreciada do pensamento de Deus.

Numa linguagem simples, mas profunda e atualizada, depois de ela mesma ter experimentado o que escreveu, coloca-nos em contato direto com a habitação da Trindade em nós.

E tudo isso, na base de citações bíblicas que só fazem enriquecer a afirmação da consoladora verdade.

Carmita nos põe na intimidade de Deus Uno e Trino, na unidade de sua comunhão, e na comunhão de sua unidade fazendo-nos vibrar ante as maravilhas que são próprias do Pai, do Filho e do Espírito Santo.

Sem fazer questão de enveredar pelas sendas da teologia clássica, no tocante ao estudo sistemático do mistério trinitário, ela nos ensina que viver no Pai, viver no Filho e viver no Espírito Santo é muito mais possível do que mergulhar nas complicadas teses de suas atribuições e relações.

O Maligno não é inimigo de Deus Uno e Trino por não conhecê-lo, mas por ser incapaz de ver que a grandeza absoluta pode morar numa *pequenez*, como é a de cada um de nós.

E as considerações de nossa escritora nos interpelam de modo veementemente terno e ternamente veemente quando evidencia que sem uma vida plena de Igreja, ninguém vive a vida plena da Trindade. E mais. Quando nos mostra que a Igreja não encarna as três divinas pessoas, mas as evoca.

Não as encarna em razão de suas imperfeições, mas as evoca porque aquilo que tem de imperfeito não lhes impede a glória de revelar a misericórdia do Pai, a condição de discípula do Filho e a vocação de destinatária do discernimento do Espírito.

Logo, a realidade da Trindade atinge seu ponto culminante na vida da Igreja que, por isso mesmo, é tanto mais verdadeira, na medida em que, diversificada, reflete e constrói a sua unidade. Diversificada, é o retrato do Deus Trino. Unida, é a imagem do Deus Uno.

Para concluir seu livro, Carmita nos aponta Maria, como templo por excelência, da Trindade. E, nisso, não poderia ser mais feliz. Filha precisa acolher o Pai. Mãe precisa acolher o Filho. Esposa precisa acolher o Divino Esposo e, assim o faz, sendo morada por excelência dos três.

Pode duvidar-se de tal arrazoado?

Contudo, embora Carmita não trate especificamente a respeito da Trindade no seu relacionamento com os excluídos, implicitamente o faz, pois Deus é Pai e pai não quer o filho marginalizado, Cristo é Irmão e irmão não quer ver o outro sem terra e sem pão.

Parabéns, Irmã Franzisca! Sua mãe é uma eleita da Trindade e, por isso, fala tão divinamente bem sobre ela.

Bahia, setembro de 2000
Pe. José Gilberto de Luna

Tema do Retiro Espiritual – Ano 2000: Deus Uno e Trino

Seguindo o pedido de nosso papa João Paulo II para que todos os cristãos se preparasse para este terceiro milênio, procurei dar os meus retiros dentro dos temas pedidos.

1997 – Jesus Cristo, Ontem, Hoje e Sempre.

1998 – O Espírito Santo, amor de Deus derramado em nossos corações.

1999 – O Pai de Misericórdia e Deus de toda consolação.

No ano de 2000, dedicado à Santíssima Trindade, nosso tema foi: *"Deus Uno e Trino"*.

Quando o papa pede que nos voltemos para a Santíssima Trindade, não é apenas para adorá-la, louvá-la, ou fazer grandes estudos teológicos, mas é principalmente para que procuremos olhar para ela, tentando viver como vivem os três, numa ciranda de amor, de comunhão e participação. Ou seja, para que tentemos viver "do jeito da Santíssima Trindade".

O maior objetivo deste meu retiro é levar, de uma maneira simples, os participantes do retiro e meus futuros leitores, a tentar viver com cada uma das três Pessoas, cada um tendo a sua própria experiência do Pai, do Filho e do Espírito Santo na sua vida diária.

Sabendo que cremos em um só Deus, que é só, mas não é sozinho, pois são "três pessoas distintas", cada qual com sua tarefa e sua participação em nossas vidas.

Ficaria muito feliz se, ao término deste retiro ou da leitura deste livrinho, cada participante ou cada leitor experimentasse ter:

No *Pai*, um pai de ternura, de amor, de misericórdia e de perdão, sempre presente e que sabe tudo de que necessitamos.

No *Filho*, um irmão, um amigo, um companheiro de caminhada, um modelo, para o qual podemos olhar sabendo que ele é "o caminho, a verdade e a vida".

No *Espírito Santo*, uma luz a nos iluminar, a nos inspirar, a nos renovar, a nos aquecer.

Se ao fim deste retiro ou desta leitura, conseguirem ter uma vivência trinitária, geradora de paz, de força e alegria, ficarei feliz.

Carmita

Primeira Reflexão

"PREPARAR A 'CASA' PARA RECEBER A TRINDADE"

Leia, pausadamente, três vezes: Lucas 2,1-7.

Há dois mil anos, Maria e José iam de Nazaré para Belém e foi chegada a hora de nascer o Filho de Deus, mas, como vimos na leitura que acabamos de fazer, "não havia lugar para ele nascer".

Passados dois mil anos, hoje novamente, a Trindade pede a cada um de nós, um lugar para fazer sua morada...

Nesta primeira noite de nosso retiro, cada um vai tentar ver se há ou não há lugar para a Trindade em nosso coração, e o que é necessário fazer para que haja lugar.

Estou começando este retiro com essa reflexão por causa de uma experiência que fiz num retiro de dez dias com a Irmã Franzisca Rehbein a quem dedico este livro.

Nos meus retiros procuro sempre dar aos participantes não algo teórico, algo que sei, e sim a minha própria experiência, isto é, algo que vivo, que aprendo, que experimento, o que me faz crescer, os erros que cometi, pois como diz são Paulo: "tudo concorre para o bem daqueles que amam a Deus" (Rm 8,28) tudo serve para nosso crescimento espiritual.

Nesses dez dias de retiro, Irmã Franzisca dividiu o tempo da seguinte maneira: quatro dias de seminário e seis dias de retiro. O seminário deveria ser uma preparação para o retiro, para que conseguíssemos entrar numa maior intimidade com a Trindade, ficando *"a sós com O Só"*, como disse a Irmã Elizabete da Trindade.

No seminário ela nos levou a refletir sobre a nossa parte humana, pois nela encontra-se uma série de dificuldades para nosso relacionamento profundo com o Deus-Amor que gera em nós a verdadeira alegria e a paz que só ele pode nos dar.

Nós não somos anjos, espíritos puros, que não têm as dificuldades e as limitações humanas.

Também não somos animais que vivem teleguiados pelo instinto, que os leva a fazer o que é bom para eles.

A nós, o Senhor nos fez mais complicados, embora nos tenha criado à "sua imagem", para que venhamos a ser semelhantes a ele (cf. Ef 1,3-6). Somos seres noo-psico-somáticos, compostos de Espírito — alma e corpo, e ainda nos deu o maravilhoso, mas terrível, dom da liberdade!

Nem sempre esses "três compartimentos" de nosso ser vivem equilibrados gerando em nós impotência e fragilidade que nos levam "a não fazer o bem que queremos, mas a praticar o mal que detestamos" (cf. Rm 7,14-24).

São Paulo, já naquele tempo, havia percebido a necessidade desse equilíbrio dentro de nós, quando disse: "Que o vosso ser, espírito, alma e corpo, sejam conservados irrepreensíveis para a vinda de nosso Senhor Jesus Cristo" (1Ts 5,23).

Essa falta de equilíbrio cria obstáculos para que haja lugar em nós para a Trindade fazer sua morada. E muitas vezes não percebemos isso e pensamos que nossa vida espiritual depende apenas de nossa boa vontade.

Os quatro dias de seminário, que precederam o retiro, foram muito importantes para mim, pois me levaram a ver o quanto ainda existe dentro de mim dificultando uma maior intimidade com esse Deus Uno e Trino que é essencialmente amor, dom, acolhimento, partilha e comunhão.

Infelizmente nos retiros que dou não disponho de dez dias, mas mesmo com o pouco tempo de que disponho, desejei, sonhei e me esmerei em partilhar com vocês e com meus futuros leitores um pouco do imenso bem que esse seminário-retiro me fez levando-me a eliminar certas dúvidas e conceitos que muitas vezes estão enraizados em nós, impedindo que consigamos penetrar numa maior intimidade com esse Deus Uno e Trino que lentamente vai nos burilando, nos purificando no caminho para a santidade para a qual fomos chamados: "Ele nos escolheu, antes da criação do mundo, para sermos santos e irrepreensíveis diante de seus olhos" (Ef 1,4).

Não estamos aqui neste mundo para "fazer coisas", mas para formar a nossa personalidade, até "atingirmos o estado de homem-mulher, feitos à estatura da maturidade de Cristo" (cf. Ef 4,13).

Maturidade!!! Que palavra importante em nossa vida!!!

Quantas pessoas crescem em idade, mas nunca amadurecem!!!

Jesus "cresceu em estatura, sabedoria e graça" (Lc 2,52) e assim atingiu o auge da sua personalização filial quando ressuscitou na força do Espírito Santo. O mesmo acontecerá conosco: "se o Espírito daquele que ressuscitou Jesus dos mortos habita em nós, ele também dará a vida aos nossos corpos mortais, pelo seu Espírito que habita em nós" (Rm 8,11).

Nossa vida aqui na terra é um tempo de aprendizado entre morte e ressurreição: cada dia morremos e ressuscitamos um pouco até que um dia chegaremos à plenitude.

Muitas coisas impedem que haja em nós "lugar" para a Trindade! Há muita coisa atravancando nosso coração, nossa "casa" interior muitas vezes está cheia de: ressentimentos, feridas causadas por algo ou por alguém. Há até feridas que nos marcam no seio materno... Há em nós ciúmes, raivas, brigas, fofocas que nos marcam...

Há muita coisa empoeirando nossa "casa" interior: comodismo, preguiça, omissão, falta de vontade firme: "eu queria, mas...".

Há muita escuridão causada por falta de esclarecimento, de estudo, de silêncio, de meditação da palavra de Deus: "a Palavra é um facho que ilumina meus passos, uma luz em meu caminho" (Sl 118 (119), 105).

Há muita secura, porque há falta de amor, de ternura, de alegria, de esperança. Essa falta é gerada pelo egoísmo, pela auto-suficiência.

Tudo isso são empecilhos para que possamos hospedar a Trindade.

Há também necessidade de vermos claramente o que em nós vem de nossa fragilidade humana, de nossa pequenez, de nossa impotência, e não é pecado, e o que vem de nossa vontade deliberada que causa o pecado. Assim, uma raiva não é pecado, mas se insisto nela, se não rezo, se não peço a Deus que me liberte dela — e só a *graça* pode nos libertar — essa raiva pode se transformar em ódio e nos levar ao pecado. Um mau pensamento, uma sensação de ciúme não são pecados, são reflexos de nossa natureza, mas podem vir a ser pecados se não rezarmos pedindo ao Senhor que nos liberte deles. Quantas pessoas vivem acorrentadas, angustiadas porque não sabem discernir, ver a diferença que existe entre fragilidade humana e pecado! Quando descobrem, sentem-se libertadas, aliviadas!

Esse Seminário me ajudou muito:

1º – A me situar na realidade da minha vida atual, nas situações em que me encontro.

2º – A ver como são as minhas reações diante do que me acontece, ou diante do que me dizem: minhas respostas são imediatas, logo me defendo, me desculpo, ou já consigo parar e pensar?

Se consigo parar e pensar, certamente vou evitar que muita coisa desagradável aconteça e também levo o outro a parar e a pensar...

3º – Compreendi que as situações da minha vida, na grande maioria eu não as crio, eu as encontro. Elas vêm do meu inconsciente, são geradas por: medo, preconceitos, desgosto, recalque, feridas. Tudo isso está armazenado em nós, são reações que vivem em nosso inconsciente. Entre a situação e a resposta decorre a reação, que é fruto da nossa liberdade.

4º – Liberdade não significa fazer tudo o que quero, ou dizer tudo o que penso, liberdade é o espaço que torna a minha resposta, o meu agir, consciente, livre.

A liberdade vai acontecendo com a experiência, então, vou vendo, vou agindo, vou me firmando de acordo com as experiências que vou fazendo, então passo a optar.

5º – Vou optando tanto no sentido humano, como no campo espiritual, de acordo com as experiências que vou fazendo com relação a Deus, na medida em que eu o experimento em minha vida.

Só quando experimentarmos Deus poderemos dá-lo aos outros, por isso são João pôde dizer: "aquele que meus olhos viram, que meus ouvidos ouviram, e as minhas mãos apalparam, eu vo-lo dou" (cf. 1Jo 1,1).

E na medida em que vou optando, vou me abandonando, vou descobrindo um sentido diferente em minha vida e em tudo o que nela acontece. Vou discernindo qual é a vontade de Deus para mim e a sua vontade passa a ser a motivação profunda da minha vida.

Vai ficando bem claro o que Deus quer para mim, o que Ele diz a mim, o que Ele quer que eu faça. Disse São João da Cruz: "Veja se você está fazendo o que você quer fazer, ou o que Deus quer que você faça".

O que Deus diz ou pede a outras pessoas, o que os outros fazem, não me interessa.

6º – Lentamente os nossos valores vão mudando, o que era muito importante ter ou fazer, vai ficando sem importância. Outros valores vão surgindo e ocupando o lugar dos primeiros.

Aos poucos teremos um só valor: *meu Deus, meu tudo.* "Quem a ele tem, nada lhe falta" disse santa Teresa D'Ávila, eu espero um dia chegar lá...

Quando eu era bem jovem, o Senhor já havia tentado me ensinar isso por meio de um fato, mas naquela época eu não entendi nada...

Quando eu era menina e estudava no Rio, ia e vinha sempre de navio, e quando o navio se afastava da terra eu gostava de ficar olhando a terra ficar cada vez menor. Quando ela desaparecia totalmente eu ficava alegre vendo apenas a imensidão do céu e a imensidão do mar... Naquela época eu pensava que era apenas uma brincadeira de criança... hoje eu sei... à medida que vou me entregando a Ele, sem medir nem calcular, tudo também vai ficando pequeno, sem importância.

O seminário me fez ver e rever tudo isso, por isso desejei partilhar tudo com vocês desejando que lhes faça o bem que fez a mim.

Não esqueçam de que para crescer na vida espiritual é necessário conhecer bem a nossa parte humana, frágil, limitada. Saber, que só com a nossa vontade não conseguiremos nos modificar, crescer, devemos entregar ao Espírito Santo a parte do trabalho que só Ele pode fazer e lhe dizer cantando:

"Cura Senhor, onde dói; cura Senhor, bem aqui, cura Senhor, onde eu não posso ir".

É o que estou procurando fazer; faça você também, certamente, devagarinho, o resultado virá: "estou persuadido de que Aquele que iniciou em vós esta obra excelente lhe dará o acabamento até o dia de Jesus Cristo" (Fl 1,6).

Assim haverá cada dia mais lugar para a Trindade estabelecer em nós a sua morada.

Segunda Reflexão

"O QUE É INABITAÇÃO DIVINA?"

Leia, pausadamente, três vezes João 14,21-24.

Santa Teresa D'Ávila num dos seus poemas intitulado: "Busca-te em mim" diz: "Alma, procura-te em Mim, e a Mim, busca-Me em ti."

Santo Agostinho, depois das suas incessantes procuras, ao encontrar Deus e a ele se abandonar, exclama: "Eu tanto te procurei fora e estavas dentro de mim"!!!

Assim, a inabitação divina é a presença íntima e misteriosa do Deus Uno e Trino em cada pessoa humana.

A fonte dessa certeza está nas palavras de Jesus no evangelho de João que acabamos de ler três vezes: "Se alguém me ama, guarda a minha palavra e meu Pai o amará e a ele viremos e nele estabeleceremos morada". O texto é bem claro e indica uma permanência: "estabelecer morada", não é algo passageiro! Assim, o Filho e o Pai habitam juntos no íntimo da alma fiel, que *"guarda a Palavra"* e, ao mesmo tempo, o Espírito Santo está na alma, como laço de Amor, fazendo de cada pessoa "seu templo" (cf. 1Cor 3,16).

Nossa vida espiritual é uma comunhão incessante com a Santíssima Trindade, fazendo de cada um de nós o primeiro templo, onde ela habita.

Pela graça, uma amizade íntima e profunda, vai se desenvolvendo e criando laços entre o Deus Uno e Trino e nós, levando-nos a viver do *jeito da Santíssima Trindade*", em Comunhão e Partilha. Vamos, aos poucos, vivendo como Jesus desejou e pediu ao Pai, na sua "Oração Sacerdotal": "Pai Santo, os que me deste, guarda-os em teu nome para que sejam um como nós. Sejam todos um como tu, Pai, estás em mim e eu em ti, a fim de que sejam consumados na unidade, e que o amor que me tens (o Espírito Santo) esteja neles e eu neles" (cf. Jo 17,11.21.22.26).

Sem a Santíssima Trindade nossa vida é um deserto, mas se pela fé e pelo amor a Trindade vive em nós, esse deserto transforma-se em jardim: "Um jardim bem irrigado, como uma fonte de águas inesgotáveis". (Is 58,11) "De deserto, ele fará um jardim, aí encontrar-se-á a felicidade e a alegria, os cânticos e as melodias da música". (Is 51,3).

A partir do batismo até chegarmos um dia à visão beatífica, vamos caminhando em progressiva ascensão em direção à Trindade.

Para caminhar nessa estrada da Presença de Deus em nós, a fé é o fundamento, é o essencial: "Para aproximar-se de Deus é preciso crer primeiro que ele existe e recompensa os que o procuram" (Hb 11,6).

"A fé é o fundamento da esperança, uma certeza a respeito do que não se vê" (Hb 11,1).

A fé não é um mito pessoal, nem uma opinião, nem uma convicção baseada numa análise racional, nem fruto de uma prova científica. A fé não está destinada a dar inteira satisfação à nossa inteligência e curiosidade. A fé é, em primeiro lugar, um dom que recebemos gratuitamente de Deus, sem merecimento algum de nossa parte, então, em agradecimento, em resposta, damos a ele nosso sim incondicional para o que der e vier, é um salto no escuro: *"Pai, eu não te entendo, mas confio em Ti!"*

A fé é a chave do universo, o sentido último da existência humana, a resposta a todas as nossas interrogações, nela repousa toda a nossa felicidade, disse Thomas Merton. (*Novas sementes de Contemplação,* p. 132).

A fé é como uma plantinha que cresce precisando ser cuidada, regada, adubada, preservada. É pela oração pessoal, pela meditação diária da Palavra de Deus, pela Eucaristia, pelo silêncio que nos permite escutar Deus que sempre está a nos falar, que nossa fé vai crescendo e se afirmando.

Vamos lenta e progressivamente fazendo progressos nessa *inabitação divina*, nessa presença íntima, do Deus Uno e Trino em nós.

No seu excelente livro *A Rosa e o Fogo* (Paulinas) padre Inácio Larranãga fala da necessidade da oração pessoal. Depois de um ano de muito trabalho, sem pausas, dando cursos e retiros ele diz: "Pude constatar experimentalmente um fenômeno alarmante: Quando se descuida da oração pessoal, Deus começa a transformar-se em uma realidade cada vez mais ausente, distante e inexistente e acaba por ser apenas um conceito; num círculo vicioso implacável, vai se perdendo a vontade de estar com ele. À medida que isso acontece nascem, crescem e dominam os inimigos: o amor próprio, a suscetibilidade, o mau humor, o orgulho... Tudo isso fui observando em mim mesmo. Assustei-me e cheguei à conclusão de que os tempos fortes de oração pessoal dedicados explicitamente a cultivar o convívio e a amizade com o Senhor são assuntos de vida ou de morte para a vida espiritual".

Também percebi nitidamente outra coisa: como é fácil deixar Jesus, para se dedicar às coisas de Jesus! Racionaliza-se com enorme facilidade afirmando que as urgências apostólicas têm prioridade em tudo, e, hoje, o mais importante não é rezar, e sim comprometer-se com os necessitados.

Como conseqüência, vai-se deixando Jesus num segundo plano. Resultado imediato: Jesus deixa de ser aquela presença gratificante, e, por esse caminho, ele acaba virando um *'Jesus Cristo congelado'*, desencantado. Sendo assim, sem um Jesus Cristo vivo, que sentido tem a vida evangélica, o celibato, a renúncia, o negar-se a si mesmo, o devolver o bem pelo mal, o perdoar o inimigo? Tudo se transforma em repressão e nada tem sentido. Naquele ano tão vertiginoso tomei consciência da maneira como, tão insensivelmente, podia cair nesse círculo mortal, e que valem as elevadas experiências de tempos passados se não se persevera? Tomei uma firme resolução: já que durante o dia o programa das atividades não me permitia ter meu tempo forte de oração, decidi madrugar todos os dias e dedicar sessenta minutos à oração pessoal, para cultivar minha amizade com o Senhor."

Padre Larrañaga, nesse texto, mostra bem claramente o que alimenta a *inabitação divina* em nós. Isto é viver com um *Deus vivo* sempre presente, atuando em nós.

Quanto mais perseverantes, simples e menos complicados nós formos, mais iremos caminhando para essa intimidade divina. Não é olhando para nossa miséria e nossos pecados que seremos purificados, e sim olhando para aquele que "nos predestinou para sermos conforme à sua imagem" (Rm 8,29).

Cada Pessoa da Santíssima Trindade tem de ser para nós uma realidade concreta, cotidiana que irá animando todas as nossas atividades.

Sua Presença, invisível, mas próxima vai nos acompanhando por toda parte, o que importa é que nos abandonemos ao seu Amor, como lhe dizia a minha amiga, a saudosa Irmã Benedita: "Digo sempre a ele: Senhor, não sei se você está contente comigo, mas eu estou com você, e vou ficar!"

Evidentemente essa *inabitação divina* não acontece da noite para o dia, é muito lentamente que o Senhor vai nos lapidando, nos burilando, nos purificando de todas as nossas escórias: "Derramarei sobre vós águas puras, que vos purificarão de todas as vossas imundícies e abominações" (Ez 36,25). Por vezes, ele nos leva ao Tabor, aí nos deslumbra e aí queremos permanecer: "Senhor, como é bom estarmos aqui!" (cf. Mt 17,4), outras vezes pede que o acompanhemos no Getsêmani e pede que fiquemos com ele: "Ficai aqui comigo e vigiai" (cf. Mt 26,38b) e aí dormimos: "Foi ter com eles e os encontrou dormindo" (cf. Mt 26,40). Às vezes nos consola: "Sou Eu, sou Eu que vos consolo, então o júbilo e a alegria nos invadem, as tristezas e os lamentos fogem"

(Is 51,11-12). Outras vezes, ele nos envolve num fogo abrasador: "Passei-te no cadinho como a prata, provei-te no crisol da tribulação" (Is 48,10). De ambas as maneiras é o seu Amor que nos vai atraindo para uma intimidade maior, tanto nas horas boas como nas de sofrimento.

Toda aquela nossa parte humana — tão importante — que vimos em nossa primeira reflexão: "Preparar a casa para receber a Trindade", tudo aquilo que dificulta hospedar a Trindade, vai sendo controlado e aos poucos vai desaparecendo.

Na vida da carmelita Elizabete da Trindade, ela conta como uma das suas dificuldades era a sua extrema sensibilidade, tudo a machucava e a fazia sofrer, então pediu ao Senhor que de tudo e de todos a fosse desapegando, e ele a foi conduzindo por meio de pequenos atos de renúncia que ela aceitou com generosidade. Um dia ela sentiu que o Senhor a havia livrado de toda sensibilidade exagerada para sempre. E isso gerou nela uma fonte de alegria e de paz profundas, tornando sua fé cada vez mais forte.

Aconteceu nela, e pode acontecer em todos nós, o que Jesus disse. "Dai e dar-se-vos-á, uma medida plena, recalcada, vos será lançada no regaço" (Lc 6,38). Ninguém dá algo a Deus que ele não retribua ao cêntuplo (cf. Lc 18,29-30).

Cabe a cada um de nós procurar ver como vai essa *inabitação divina*, o que estamos fazendo ou impedindo que ela aconteça.

Sentimos nossa alma como um "deserto" ou como um "jardim"?

É trabalho pessoal que requer muito silêncio interior.

Peçamos: "Ó Deus que prometestes permanecer nos corações sinceros e retos, dai-nos, por vossa graça, viver de tal modo que possais habitar em nós" (Oração da missa de quinta-feira, da 4ª semana do Tempo Comum).

Terceira Reflexão

"VIVER COM O PAI"

Leia, pausadamente, três vezes Mateus 6,25-34.

O Mistério da Santíssima Trindade é a viga mestra de toda a nossa vida. Sem a Trindade nossa vida fica sem sentido, passa a ser um deserto.

Cremos num Deus que é Único, mas não é sozinho, nele temos o Pai, o Filho e o Espírito Santo.

Cada Pessoa tem o seu lugar que não pode ser trocado, e cada Pessoa tem sua tarefa, por isso dizemos: "Cremos em um só Deus em três Pessoas distintas".

O *Pai* é o Criador, a Origem, a Fonte.

O *Filho* é o Enviado, o Salvador, o Redentor, o Amigo, o Companheiro de nossa caminhada aqui nesta terra, é o Modelo.

O *Espírito Santo* é o circuito de Amor que unindo o Pai e o Filho, nos Vivifica, Inspira, Anima, Renova.

Desse modo, nosso relacionamento com cada uma das três Pessoas é diferente.

Nossa vida com o Pai está envolta num relacionamento de gratuidade, ternura e misericórdia.

a) *Gratuidade*: "Ele nos amou primeiro" (cf. 1Jo 4,19). Nos amou com um amor que independe do que somos, do que temos ou do que fazemos.

"Ele nos amou e nos escolheu antes da criação do mundo para sermos santos, como ele é Santo" (cf. Ef 1,4-6).

Recebemos tudo de graça. "O que tens que não tenhas recebido?", pergunta são Paulo (1Cor 4,7).

Ele nos criou e continua nos recriando ao longo de nossa vida, em cada etapa de nossa história e vai nos renovando. "Eis que faço novas todas as coisas" (Ap 21,5).

Sua aliança de amor e de constante presença é eterna. "Com amor eterno eu te amei" (Jr 31,3). "Convosco farei uma aliança perpétua" (Is 53,3).

É à medida que vamos experimentando esse Amor e essa constante Presença de um Pai em nossa vida, que a ele vamos nos abandonando, nos entregando, vamos deixando que ele nos conduza sem nos preocupar como e para onde ele vai nos conduzindo. Esse abandono e essa entrega vão eliminando em nós o medo, pois "no amor não há temor, o perfeito amor lança fora o medo, porque o medo envolve castigo, e quem teme não é perfeito no amor" (1Jo 4,18).

O que sabemos? De que temos certeza?

Sabemos, temos certeza do que ele nos diz. "És precioso a meus olhos, eu te aprecio e te amo, permuto reinos por ti. Estejas tranqüilo, pois eu estou contigo" (Is 43,4-5).

b) Misericórdia: "O Senhor é bom, sua misericórdia é eterna e sua fidelidade se estende de geração em geração" (Sl 99 (100),5).

"Mesmo que as montanhas oscilassem e as colinas se abalassem, jamais minha misericórdia se apartará de ti e meu pacto de paz vacilará" (Is 54,10).

O Pai tem misericórdia de nós, perdoa nossos pecados, deles se esquece, e "os lança no mar de sua misericórdia" (cf. Is 38,17b). Dos nossos pecados "não mais se lembra" (cf. Is 43,25).

c) Ternura: "Pode uma mulher esquecer-se daquele que amamenta? Não ter ternura pelo fruto de suas entranhas? E mesmo que ela o esquecesse, eu jamais te esqueceria" (Is 49,15).

Em troca dessa gratuidade, misericórdia e ternura o Pai nos pede três coisas:

1. Que demos aos irmãos, que partilhemos tudo que ele gratuitamente nos dá: "De graça recebeste, de graça dai" (Mt 10,8). "Sede bons dispensadores das diversas graças de Deus, cada um de vós ponha à disposição dos outros o dom que recebeu" (1Pd 4,10).

2. Que perdoemos aos irmãos como ele nos perdoa. Perdoar sempre, sem revidar, sem retribuir o mal ou a ofensa que nos fizeram: "Se perdoardes aos homens as suas ofensas, vosso Pai celeste também vos perdoará. Mas se não perdoardes, tampouco vosso Pai vos perdoará" (Mt 6,14-15).

   Não podemos esquecer que o perdão é a chave que nos abre a porta para uma maior intimidade com o Pai.

3. Que sejamos ternos, que cuidemos dos nossos irmãos como ele cuida de nós. Nosso século está muito carente de ternura, de carinho.

A ternura, o carinho são forças poderosas na evangelização! Ternura da voz, ternura dos olhos, ternura do toque, ninguém a eles resiste!

O Pai nos criou para "sermos santos e irrepreensíveis diante de seus olhos" (cf. Ef 1,4) a santidade é a meta em nossa caminhada aqui na terra.

Mas nossa vida é como uma casa, têm muitos compartimentos, uns mais arrumados do que outros. Tem também um sótão e um porão, depósitos que estão cheios de bagulhos, poeira e teias de aranha, por isso não gostamos de ir lá... Mas no retiro, ou mesmo fora dele, é preciso ir e pedir ao Pai que nos mostre quanta coisa está desarrumada e quanto temos para jogar fora!

É constatando e tendo a coragem de jogar fora muita coisa, que nossa santidade vai sendo construída e assim a vontade do Pai vai se realizando em nós. "Sede santos, porque eu, vosso Pai, sou santo" (Lv 20,7).

Mas a santidade de cada pessoa é diferente, pois não existem duas pessoas iguais, assim também não existem dois santos iguais. Cada santidade tem o seu "DNA", sua característica própria.

No entanto existem pessoas que passam a vida em vãos esforços, extenuam o espírito e o corpo, num trabalho inútil para ter as mesmas experiências que outros tiveram. Querem possuir a espiritualidade e a santidade de outros, querendo — como se fosse possível — se tornarem iguais a uma pessoa que viveu e morreu, há duzentos ou mais anos, em circunstâncias inteiramente diferentes!

É a virtude da humildade que nos leva a nos aceitar como somos e a querer ter uma santidade própria, aquela que o Pai quer que tenhamos.

O Pai não deseja ter milhões de santos iguais, xerox uns dos outros, que monotonia seria!!! Ele nos quer como as flores que criou, todas belas e diferentes, como os pássaros e as borboletas, que imensa variedade!

Assim, santa Teresa D'Ávila é minha santa preferida, eu a chamo "minha amiga celeste". Leio seus livros, eu a admiro, mas jamais me passou pela cabeça ser como ela foi, ter revelações e aparições, levitar, entrar em êxtase como ela entrava. Eu sou *Carmita* e quero ser a santa que o Pai, no seu plano, desejou "antes da criação do mundo" (cf. Ef 1,4) que eu seja.

Assim devemos ter o desejo sincero de sermos santos e santas, mas não tenhamos a preocupação de ser igual a nenhum santo. Também não tenhamos pressa, Jesus disse: "Meu Pai trabalha sempre e eu também trabalho" (Jo 5,17) deixemos pois que Ele nos trabalhe, nos molde, precisamos apenas ser "barro mole" em suas mãos. Ele, o Divino Oleiro, irá fazendo de nós um "vaso belo e perfeito", mas diferente de todos os outros vasos.

É isso que sempre peço à amiga Teresa D'Ávila, que eu me deixe moldar, como ela se deixou. Leiamos sempre a passagem que está em Jeremias (18,2-6).

Thomas Merton diz: "A santidade não é algo que se possa adquirir como um chapéu, entrando numa loja, experimentando vários chapéus e, dez minutos depois, saindo com um bem ajustado na cabeça". Assim muitas pessoas passam a vida ansiosas para conseguir colocar sobre si mesmas o modelo de perfeição que encontram e passam a vida andando de lá para cá, com essa coisa na cabeça. Dessa maneira vivem "disfarçadas de santas" e o Pai não nos quer "disfarçados", mas autênticos!

Ele nos quer, como ele nos sonhou!

No Apocalipse, são João nos fala de "uma imensa multidão", na qual todos "estão revestidos de vestes brancas, todos com palmas na mão, todos tinham lavado suas vestes no sangue do Cordeiro" (cf. Ap 7,9-14) mas todos eram diferentes, altos, baixos, gordos, magros, brancos, pretos, amarelos. Todos santos, mas cada um com *"sua santidade"*, aquela que deixaram o Pai construir, imitando o Filho, na força do Espírito Santo.

Entreguemos, pois, nossa vida nas mãos carinhosas do Pai que sabe tudo que precisamos e no-lo dará na hora certa.

Cada um de nós deve se perguntar: *"Como é a minha vida com o Pai?"*

Eu me entrego, me abandono em suas mãos, eu confio?

Quarta Reflexão

"VIVER COM O FILHO"

Leia, pausadamente, três vezes Lucas 24,25-32.

Jesus, o Filho, claramente anunciou a sua tarefa: "Vamos às aldeias vizinhas para que eu pregue também lá, pois para isso é que vim" (Mc 1,38). "Eu não vim chamar os justos, mas os pecadores" (Jo 10,10).

Assim vemos que o Filho, não é o Criador, a Fonte, ele é o Salvador, o Redentor, o Companheiro de nossa caminhada, o Amigo, nosso Modelo.

Ele surge na estrada de nossa vida, muitas vezes nós nem o reconhecemos, mas ele vai pacientemente caminhando, se interessando e pergunta: "Por que você está tão triste, tão ansiosa?" E vai, por meio da Palavra nos mostrando como "somos tardos de coração para crer" (cf. Lc 24,25).

Não é com a inteligência que descobrimos Jesus, mas com o coração.

Bem disse Saint-Exupéry: "Só se vê bem com o coração".

Assim, Jesus vai lentamente nos mostrando a necessidade de conhecermos sua Palavra e ela vai fazendo nosso coração se abrasar, nossos olhos se abrirem, tudo na vida vai ficando diferente!

Como os discípulos de Emaús, com o coração quente, os olhos abertos, nos levantamos e partimos para anunciar esse Jesus a outros, foi o que os discípulos de Emaús fizeram: "Levantaram-se na mesma hora e voltaram para Jerusalém" (Lc 24,33).

Em nossa caminhada temos de viver olhando, contemplando o Mistério da Pessoa de Jesus, é pela experiência que *Jesus-homem* teve do Pai, que faremos nossa própria experiência de *Deus-Pai*.

Na sua realidade de homem, plenamente homem, "igual a nós em tudo exceto no pecado" (cf. Rm 8,3) teremos nossa própria experiência.

Durante trinta anos, Jesus viveu uma vida comum, com os mesmos costumes religiosos, com a mesma cultura, com os mesmos hábitos de seus compatriotas.

Aos doze anos, acompanha seus pais a Jerusalém, e tem ali o seu primeiro despertar para "as coisas do Pai", quando é achado falando aos doutores no Templo, por isso responde com energia a seus pais: "Não sabeis que devo ocupar-me das coisas de meu Pai?" (Lc 2,49).

É um primeiro impulso do Espírito Santo dentro de Jesus-homem, depois desse primeiro despertar, "Jesus volta com seus pais para Nazaré e lhes era submisso" (cf. Lc 2,50) e o Espírito Santo vai fazendo Jesus "crescer em estatura, sabedoria e graça" (Lc 2,52). Desse modo, durante 30 anos, Jesus é preparado para a sua futura missão.

Trinta anos de preparação!!! E nós queremos rapidamente nos preparar para evangelizar!!!

Também certamente, com sua mãe, com José e lendo as escrituras, Jesus foi aprendendo a rezar, a falar com Javé.

Jesus teve fé, isto é, foi tendo aos poucos a percepção de Deus por meio da Palavra nas Escrituras e foi compreendendo que era dele que ela falava e a ele se dirigia: "Hoje, cumpriu-se em mim esse oráculo" (Is 61,1-3; Lc 4,16-21) disse ele ao ler no Templo essa passagem das Escrituras.

Jesus foi um apaixonado pela Palavra e se deixava guiar por ela.

Também muitas vezes a Palavra nos atinge, mas a gente se protege e foge dela! Até exegetas e teólogos: "Você acredita nisso?" dizem e acham que a Bíblia é apenas para ser estudada e não para pensar que, por meio dela, Deus está falando diretamente conosco. Coitados! Que ilusão!

O Senhor continua a nos falar, a nos ajudar, a nos dar respostas por meio de sua Palavra. O estudo da Bíblia esclarece, aumenta nosso entendimento, fala à nossa inteligência, mas os "recadinhos" que o Senhor nos manda pela sua Palavra vão diretamente ao coração e o abrasam: só quem já fez essa experiência sabe disso!

É o próprio Deus que continua a nos falar através dos Patriarcas, dos Profetas, dos Salmistas. Podemos imaginar com que intensidade Jesus rezou os Salmos! Com que fervor deve ter rezado o Salmo 62 (63),2-3.

"Deus, vós sois meu Deus,
minha alma está sedenta de vós
e minha carne por vós anela
como terra árida, sequiosa, sem água."

Jesus, como homem, experimentou essa sede, essa necessidade de Deus, sua alma ficou sedenta, como terra seca.

Vejamos o Salmo 138 (139) como Jesus deve ter experimentado essa constante presença de Javé em sua vida.

"Senhor, vós me perscrutais e me conheceis,
Sabeis tudo de mim, quando me sento e me levanto.
De longe penetrais meus pensamentos,
Quando ando e quando repouso, vós me vedes.
Observais todos os meus passos."

Jesus experimentou tudo isso! Com ele devemos aprender a rezar os Salmos, procurando fazer a nossa própria experiência. Os Salmos são fonte de segurança da presença de Deus, de paz, de alegria, de conforto.

Uma segunda etapa da vida de Jesus começou a partir do seu batismo: "Mais tarde, quando soube que João Batista estava batizando no Jordão" (Mt 3,13) Jesus vai e se apresenta, entra na fila dos pecadores para ser também ele batizado. Como homem, ele não se julga melhor do que os outros homens, mas em tudo quis ser como qualquer um de nós.

No batismo, Jesus faz a sua grande experiência trinitária: como Filho sente o Pai que lhe diz: "Este é meu filho bem amado em quem ponho toda minha afeição" (Mt 3,15-17) e o Espírito Santo, em forma de uma pomba, pousa sobre ele.

Aí não é um "rápido impulso" como aos doze anos no Templo, mas é uma forte revelação, pela qual ele tem a certeza absoluta de ser o Messias prometido.

Então nada mais, ninguém, o detém: deixa sua Mãe, sua casa, sua profissão e parte, só lhe interessa fazer a vontade do Pai que o enviou ao mundo para uma missão: revelar o Pai, torná-lo conhecido e amado.

Jesus passa a viver e a se alimentar da vontade do Pai: (cf. Jo 4,34; 5,30; 6,38) essas passagens nos mostram como apenas a vontade do Pai é soberana na vida de Jesus-homem.

Essa missão, ele a vive, não num mar sereno, e sim numa realidade de tensão e de opressão.

Com os romanos, a opressão política e econômica; com os saduceus, ricos que só queriam gozar e se encher cada vez mais, ele sofre vendo o povo cada vez mais pobre, mais faminto; com os zelotas, ele sofre vendo que só querem vencer pela força, pelas armas; com os fariseus, que o observam a cada passo, a cada palavra, querendo encontrar um motivo para matá-lo, Jesus sofre vendo como eles deturpam a religião, pregam, mas não fazem.

Assim, não foi fácil para Jesus evangelizar, levar a todos a Boa Nova, revelar o Pai de amor, de bondade, de misericórdia.

Mas na sua intimidade com o Pai, nos momentos que se afastava de todos para conversar com o Pai, Jesus hauria forças para viver sua missão em meio a toda essa opressão. As passagens de Mateus 14,23, de Marcos 1,35, de Lucas 6,12 e 22,41-42, nos mostram quanto Jesus vivia unido a seu Pai.

Nessas horas de intimidade com o Pai, Jesus adquiria força para "falar com autoridade" (Mc 1,22) para fazer milagres: "Dele saía uma força que curava todos os que o tocavam" (Mc 6,56).

Jesus não escreveu livros, não falou difícil, nem complicado, não fez pastorais, apenas "passou fazendo o bem" (At 10,38b).

Também nós, se vivermos como Jesus viveu, contemplando a experiência dele, teremos nossa própria experiência de Deus, também "falaremos com autoridade", faremos milagres, pois a autoridade e a força não são nossas, é Deus quem no-las dá, por isso Jesus dizia: "As obras que faço, não as faço por mim mesmo, mas o Pai que permanece em mim é quem realiza suas próprias obras" (Jo 14,10).

Viver com o Filho, significa também palmilhar o caminho pascal de Jesus, caminho de solidão, sofrimento, morte e ressurreição, caminho que foi sustentado pela constante presença do Pai: "Não estou só, o Pai está sempre comigo" (Jo 16,32b) e a força do Espírito Santo, da qual ele estava sempre repleto, como vemos em Lucas 4,1; 4,14. Foi esse Amor, essa Presença e essa Força que sustentaram Jesus durante toda a sua vida terrena.

Jesus viveu sempre como "um estranho no ninho", não foi compreendido, nem mesmo por sua Mãe: "Meu Filho, que nos fizeste? Eis que eu e seu pai andávamos à tua procura cheios de aflição" (Lc 2,48). "A mãe e os irmãos de Jesus foram procurá-lo, porque tinham dito que ele estava possuído por um espírito impuro" (Mc 3,30-31).

Seus discípulos não o compreenderam: "Que tipo de Messias ele era", quando Jesus fala que "irá sofrer muito e morrer", Pedro exclama: "Que Deus não permita isso, que isso não te aconteça" (Mt 16,21-20).

Mesmo João Batista não o compreende, esperava outro tipo de messias! Esperava um messias que "cortasse a lenha e a jogasse ao fogo para queimar num fogo inextinguível" (Mt 3,10-12). Então vendo Jesus falar num Pai de bondade, perdão e misericórdia, manda perguntar: "És tu o que há de vir, o Messias, ou devemos esperar um outro?" (Mt 11,3).

Para todos Jesus foi um messias decepcionante, muito diferente daquele que esperavam!!!

Assim, Jesus é a encarnação do Mistério do Pai: "sabedoria que nenhuma autoridade deste mundo conheceu, pois se a houvessem conhecido, não teriam crucificado o Rei da Glória" (1Cor 2,7).

Esse Mistério, essa Sabedoria fez Jesus viver no meio dos seus, de seu povo, de sua família, em profunda solidão interior; falava e não era compreendido: "Veio para o que era seu, mas os seus não o conheceram" (Jo 1,11).

Também quem não é tocado pelo mesmo "fogo divino", nada entende quando deixamos tudo e seguimos Jesus no seu caminho pascal. Quem segue Jesus também experimenta esse tipo de solidão, de incompreensão da parte dos seus, dos mais próximos, eles nada entendem, parece que falamos uma linguagem diferente e não somos compreendidos. Os valores passam a ser outros, para muitos somos loucos(as) e, como Jesus, passamos a viver como "estranhos no ninho".

Jesus não se afasta do Plano do Pai, o Reino é o que lhe importa!

Foge sempre quando diante dos milagres que realiza querem aclama-lo e fazê-lo rei: "À vista daquele milagre (a multiplicação dos pães) aquela gente dizia: Este é o verdadeiro Profeta que há de vir ao mundo. Jesus percebendo que queriam arrebata-lo e fazê-lo rei, tornou a retirar-se sozinho para o monte" (Jo 6,14-15).

Mas também ele não teme as ameaças, e quando lhe disseram: "Sai, e vai daqui porque Herodes quer te matar", Jesus responde: "Ide dizer a essa raposa: eis que expulso demônios e faço curas, hoje e amanhã e ao terceiro dia terminarei a minha vida. É necessário, todavia que eu caminhe hoje, amanhã e depois de amanhã, porque não é admissível que um profeta morra fora de Jerusalém" (Lc 13,31-33).

Jesus não caminhou pelo caminho da revolta, nem da espada, caminhou como o Servo de Javé:

"Meu Servo não quebrará o caniço rachado, não extinguirá a mecha que ainda fumega. Ele anunciará com toda firmeza a verdadeira religião, não desanimará, nem desfalecerá". (Is 42,3).

Viveu como um igual a todos, embora de todos tão diferente!

Deixou-se tocar, beijar, ungir, ser aplaudido na estrada de Jerusalém, mas montado num burrinho e não num fogoso cavalo.

Foi acusado, tido como malfeitor, mas não se defendeu: "Foi maltratado e resignou-se, não abriu a boca, como um cordeiro e uma ovelha muda nas mãos daquele tosquiador. Ele não abriu a boca. Por um iníquo julgamento foi arrebatado. Quem pensou em defender sua causa?" (Is 53,7-8).

Até o fim, Jesus foi o *Sim* para o Pai, embora humanamente diante do sofrimento tenha dito: "Pai, se é possível, afasta de mim este cálice" (Mt 26,39). Mas logo depois de rezar, adquiriu forças e disse: "Faça-se a tua vontade e não a minha" (Mt 26,42).

Diante dessa vida humana de Jesus é que temos de ver como é a nossa, como é que o estamos seguindo. Como é que estamos querendo imitá-lo?

Antes de terminar este modo de viver como o Filho, quero falar do discípulo amado.

No evangelho de João é muito importante para nós olhar para a figura do discípulo amado, é um mergulho profundo para examinar nossa experiência íntima com Jesus.

João fala cinco vezes em "discípulo amado", mas nunca diz que ele é o discípulo amado. Isto é, aquele que vive numa tal união e intimidade com Jesus que se torna mais amado, porque é mais íntimo.

Temos cinco citações sobre o "discípulo amado":

1ª – "O discípulo a quem Jesus amava, estava reclinado na mesa, no peito de Jesus" (Jo 13,25). Assim havia uma intimidade maior entre Jesus e João.

2ª – "Junto à cruz de Jesus, estava perto de sua Mãe, o discípulo que Jesus amava" (Jo 19,26). O discípulo amado está sempre perto, sempre junto, não só quando tudo vai bem, mas também na hora do sofrimento, da cruz: "Quem quiser vir após mim, cada dia, tome sua cruz e siga-me" (Lc 14,27; 9,23; Mc 8,34). Está com Jesus, na hora da renúncia: "Deixa que os mortos enterrem seus mortos..." (Lc 9,60). "Aquele que um dia coloca a mão no arado e olha para trás, não é digno de mim" (Lc 9,62). Só pode ser discípulo amado aquele que deixa tudo para seguir Jesus.

3ª – "Maria Madalena correu e foi anunciar a Simão Pedro e ao outro discípulo que Jesus amava:

'Tiraram o Senhor do sepulcro [...] Saiu então Pedro e aquele outro discípulo e foram ao sepulcro. Corriam juntos, mas aquele outro discípulo, correu mais depressa que Pedro e chegou primeiro ao sepulcro. Inclinou-se, viu os panos no chão. Viu e Creu!'" (Jo 20,1-8).

O discípulo amado corre sempre mais depressa, é o amor que lhe dá asas!

4ª – "Estavam na praia [...] Jesus apareceu, mas os discípulos não o reconheceram. Pescaram [...] Estava escuro [...] mas o discípulo que Jesus amava, disse a Pedro: 'É o Senhor!'" (Jo 21,2-7). O discípulo amado sempre reconhece o Mestre, mesmo que esteja escuro, que ele se esconda, se disfarce, porque está habituado com o jeito dele!

5ª – "Voltando-se Pedro viu que o seguia aquele discípulo que Jesus amava e pergunta a Jesus: 'E este, que será dele?' Jesus lhe responde: 'Que te importa se eu quero que ele fique? Segue-me tu'" (Jo 21,20.22).

O discípulo amado segue Jesus na sua vocação, na que ele escolheu para ele. A vocação dos outros não lhe importa!

Assim, esse "discípulo amado", é todo aquele que penetra na intimidade de Jesus, aquele que, como

Maria Madalena, fica a seus pés, para escutá-lo falar (cf. Lc 10,39). É todo aquele que segue Jesus na alegria e no sofrimento, é todo aquele que não escolhe o caminho, a tarefa, mas segue o caminho que Jesus lhe mostra e faz a tarefa que ele lhe dá, é todo aquele que, como Jesus, procura sempre fazer a vontade do Pai.

Há 2.000 anos, Jesus fez aos seus discípulos duas perguntas:

"Que dizem os homens que eu sou?"

"E vós quem dizeis que eu sou? (Mc 8,27-29; Lc 9,18).

Há 2.000 anos ele continua repetindo essas perguntas...

Ele continua querendo saber quem é ele para cada um de nós! Que lhe vamos responder?

Mas quer também saber: "Quem você pensa que é para mim?"

Neste tempo de reflexão vamos procurar ver quem realmente ele é para nós e o que achamos que somos para ele.

São respostas muito pessoais, só cada um pode saber...

Ninguém jamais chamou Jesus de "Professor", mas sempre de Mestre, de Rabi (Jo 3,2; 20,16). Ele é seu Mestre, aquele que lhe mostra sua própria experiência humana, para que você o imite, ou é apenas um professor que ensina teoricamente algumas coisas?

Veja também a diferença entre "aluno" e "discípulo" e lhe diga o que você quer ser para ele, simples aluna, ou apaixonada discípula?

Quem quiser ser "discípulo(a) amado(a) já sabe o caminho: é só abrir o Evangelho e por ele caminhar!

Meditação

VEM... SEM NADA!

Jesus lhe disse:
> "Se queres ser perfeito,
> Vai, vende tudo o que tens e dá-o aos pobres,
> Depois, vem e segue-me!"

Vivia eu no silêncio
E me conformava com pequenas coisas, com poucas palavras.
Era como um pássaro a se entreter com vôos curtos...
Mas tu chegaste:
Entraste com teu vento em meu pó e causaste um redemoinho.
Colocaste teu sopro em meu corpo e aqueceste meu sangue.
Levantaste uma tempestade a meu redor...

E eu disse:
> "Olha, Senhor, não quero lutar contigo,
> não me imponhas as mãos, pois sou fraco.
> Tua voz chegou no silêncio:
> Te quero junto a mim, vem sem nada."

Rapidamente peguei minha roupa e calcei as sandálias:

— Aqui estou, Senhor!

— Não venhas assim — me respondeste — vem sem nada.

Fui aos pobres e parti minha fazenda e minha casa: Tomem, tomem!

— Assim, Senhor?

— Não, assim não. Vem sem nada.

Chamei meus pais e lhes devolvi meu nome e sobrenome:

— Senhor, me queres assim?

— Não, assim não, te quero sem nada.

Corri aos campos e fiz uma fogueira com todas as minhas palavras e queimei meus lábios e minha língua com brasas:

— Assim, Senhor, me queres assim?

— Não, assim não, hás de vir sem nada.

Então repliquei:

— Por que, Senhor, me tratas como um louco de um lado para o outro?

— Por que não me dizes de uma vez o que hei de fazer?

Deus atendeu minha queixa e me disse:

> — Vai à casa do oleiro, que ele faça um cântaro com teu barro.

> Depois vem a mim, que eu o encherei de água,
> e tu correrás a dar de beber aos que têm sede,
> e derramarás sobre os arrependidos,
> irrigarás a terra seca.

Não temas se teu cântaro se quebrar,
nem te preocupes se se dispersarem os pedaços
pela superfície da terra,
porque então te chamarei a mim
e verás como eu te quero
e te abençoarei na minha presença.

Quinta Reflexão

"VIVER COM O ESPÍRITO SANTO"

Leia, pausadamente, três vezes João 14,26-27.

Várias passagens nos falam, nos evangelhos, como na vida terrena de Jesus, ele foi sempre conduzido, impelido, guiado pelo Espírito Santo, e antes de voltar para a Casa do Pai, prometeu que não nos deixaria órfãos: "Não vos deixareis órfãos" (Jo 14,18) e prometeu: "Rogai ao Pai e ele vos dará um outro Paráclito, para que fique eternamente convosco" (Jo 14,16). Esse Espírito, "é o Espírito da verdade, que o mundo não conhece, nem pode conhecer, porque não o vê, nem o conhece, mas vós o conhecereis, porque permanecerá em vós" (Jo 14,17).

Desse modo, nosso relacionamento, nossa vida com o Espírito Santo é de docilidade e de escuta, para que ele nos conduza, nos guie, nos mostre o que o Pai quer de nós.

A tarefa do Espírito Santo não é de criar, nem salvar, mas é a de nos inspirar, vivificar, animar, renovar e principalmente de nos dar o discernimento, para que possamos fazer *opções*.

O que é discernimento?

O dicionário diz: "discernir é conhecer diretamente, perceber claramente, distinguir uma coisa de outra, estabelecer diferenças".

Portanto o discernimento nos faz perceber os motivos exteriores e interiores e ver para onde estamos sendo conduzidos a fim de podermos agir.

Principalmente os motivos interiores são muitas vezes conflitantes, e para que os percebamos claramente, precisamos da luz e da ação do Espírito Santo em nossa vida... e nesta ou naquela situação que estamos vivendo, então veremos o caminho a seguir, a opção a fazer.

Como vamos então discernir?

Teremos de dar quatro passos:

1º – Dar-nos conta, procurar perceber o que se passa dentro de nós e à nossa volta, procurando identificar se há: medo, raiva, rancor, ciúme, tendo identificado o que se passa em nós, procurar aceitar, pois tudo isso não depende apenas de nossa vontade, mas de nossa realidade humana.

2º – Verificar a divisão desses sentimentos e pensar: "minha resposta aonde me conduz?"

Essa resposta provoca inveja, ciúme, divisão, afastamento? Ou me leva a agir com paz, serenidade, alegria?

Me leva a um crescimento, a uma entrega, a um desejo de comunhão e partilha?

3º – Constatando a diferença entre as respostas obtidas logo veremos o que nos vem do Espírito Santo, serão sempre sentimentos que geram paz, alegria, paciência, união e nos conduzem sempre a Deus e aos irmãos.

4º – É também necessário verificar a *raiz* dos nossos sentimentos, pois existem diferentes raízes:

a) A graça de Deus;

b) O mal que existe dentro de todos nós.

Esses sentimentos muitas vezes vêm dos impulsos de nosso inconsciente.

Exemplos: Nos irritamos quando alguém faz algo melhor do que nós. Ou se chamam outra pessoa e não a nós, intimamente vem a pergunta: "Por que ele, ela, e não eu? Ele, ela, é melhor?" Esses impulsos são do inconsciente, e só o Espírito Santo pode nos ajudar a trabalhá-los para que eles não envenenem nossa intimidade com Deus, nosso relacionamento com ele que é de paz, amor, alegria.

É preciso sempre procurar verificar de onde esses impulsos brotam:

de Deus?
do maligno?

Aí é necessário pedir o auxílio do Espírito Santo, para que ele nos ajude a ver claramente o que se passa dentro de nós, pois muitas vezes tudo está muito escondido e só a graça do Espírito Santo pode nos ajudar nesse trabalho de cura interior.

As Opções - Passamos a vida optando e temos três tipos de opção:

a) *Opção Periférica Superficial* - Como a palavra indica, ela fica na superfície, é passageira, não interfere em nossa vida. Por exemplo: ir ao cinema, ou ficar em casa, comer uma fruta ou tomar um sorvete etc.

b) *Opção Existencial Vital* - Essa já envolve nossa vida. Posso até pensar que ela é fundamental para a minha realização pessoal, mas ela abrange outras opções paralelas. Essa opção pode ser feita por motivos belos e nobres, filantrópicos, mas só ela não é suficiente para nossa plena realização. Para essa plena realização, ela terá de evoluir e tornar-se:

c) *Opção Fundamental Abrangente* - Nessa opção só Cristo é o fundamento, a "pedra angular" (Lc 20,17) e o Espírito Santo é o seu sustento, é ele quem mantém, pelo seu fogo, a chama viva dessa opção. Ele é o fixador desse perfume.

Quem faz essa Opção Fundamental Abrangente suporta tudo e não volta atrás.

São Paulo é o grande exemplo — e claro muitos outros também — dessa Opção Fundamental Abrangente. Meditando trechos de suas epístolas veremos: Ele tudo suportou e chegou à conclusão: "Quem nos separará do amor de Cristo? Nada"!!! (cf. Rm 8,35-39).

Procuremos meditar: 1Cor 4,11-13; 13,7; 2Tm 2,8-10; 2Cor 4,8-11; 2Tm 1,12 e veremos como nos ajudará.

Essa Opção Fundamental Abrangente, porém, passa pela fornalha do sofrimento, precisa ser cultivada: "Cultivai Cristo em vossos corações" (1Pd 3,15b) esse cultivo é feito pela oração pessoal, pela meditação diária da Palavra, pela Eucaristia recebida e contemplada.

Tudo isso, *todos os dias*, não um dia ou outro quando temos vontade.

Essa *opção* tem de ser preservada, como um perfume precioso que não podemos deixar destampado, pois o fixador evaporará, ficando apenas o álcool! Já dissemos que o Espírito Santo é o grande *fixador* de nossa Opção Fundamental Abrangente, é a ele que temos de pedir: "Conserva pura e inabalável a minha opção!"

O Espírito Santo é o doador dos dons. Se nós nos déssemos ao trabalho de ler e meditar cada palavra da Seqüência do dia de Pentecostes que cada ano lemos na missa, aprenderíamos quem realmente é o Espírito Santo e o que ele faz em nossa vida! Mas nós lemos num Pentecostes e tornaremos a ler no próximo ano, sem que nada do que lemos penetre em nossa vida!

O Espírito Santo é como um exímio Maestro regendo todos os movimentos e acontecimentos da "orquestra" de nossa vida que tem toda uma gama de tons altos e baixos.

Assim, o Espírito Santo é "Luz dos corações", "doce refrigério", repouso no trabalho", "No calor aragem", "Lava o que está sujo", "Aquece o que está frio", "Conduz o errante". E sem a força do Espírito Santo não há nada no homem. Se prestássemos mais atenção a tudo o que lemos nossa vida seria muito diferente.

Olhemos ainda para os Dons e Carismas que o Espírito Santo nos dá.

A primeira Carta aos Coríntios 12,4-11 é de linguagem bem clara: inúmeros são esses Dons e

Carismas, mas o doador é um só, e ele dá os dons e carismas a quem quer e os dá em benefício da Igreja, isto é, em benefício de todos.

Portanto, se o Espírito Santo é o doador e dá seus dons a quem lhe apraz, o que nos compete fazer e saber?

1º – Tudo nos é dado. "Por um só e mesmo Espírito".

2º – O Espírito dá seus dons "a quem lhe apraz".

3º – Os dons são dados "para proveito comum".

Sendo assim temos de ver qual é o nosso, ou os nossos dons, sem nos preocuparmos com os dons dos outros. Não podemos guardar ou enterrar nossos dons e carismas, mas temos de usá-los em proveito dos outros.

Não esquecendo que um dia teremos de prestar contas a Deus daquilo que fizemos com nossos dons e carismas. "A quem muito foi dado, muito será pedido" (Lc 12,48).

"Como bons dispensadores das diversas graças de Deus, cada um de vós ponha à disposição dos outros o dom que recebeu?" (1Pd 4,10).

Qual é seu dom, ou seus dons?

Como você os tem usado?

Seqüência do Espírito Santo

SEQÜÊNCIA
DO DOMINGO DE PENTECOSTES

Espírito de Deus,
enviai dos céus
um raio de luz!

*

Vinde, Pai dos pobres,
dai aos corações,
vossos sete dons.

*

Consolo que acalma,
hóspede da alma,
doce alívio, vinde!

*

No labor descanso,
na aflição remanso,
no calor aragem.

*

Enchei, luz bendita,
chama que crepita,
O íntimo de nós!

Sem a luz que acode,
nada o homem pode,
nenhum bem há nele.

*

Ao sujo lavai,
ao seco regai,
curai o doente.

*

Dobrai o que é duro,
guiai no escuro,
o frio aquecei.

*

Dai à vossa Igreja,
que espera e deseja,
vossos sete dons.

*

Dai em prêmio ao forte
uma santa morte,
alegria eterna. Amém.

Sexta Reflexão

"A IGREJA ÍCONE DA TRINDADE"

Leia, pausadamente, três vezes Mateus 16,13-18.

Quando durante as minhas férias de verão 1999/2000 estava preparando este retiro, ao chegar a esta 6ª reflexão, tive muita dificuldade, levei dias para conseguir o que realmente desejava, ou seja, falar da Igreja não de maneira massuda e cansativa enumerando fatos, durante o decorrer desses vinte séculos, falando da sua história com todos os seus acertos e os seus erros, suas glórias e seus fracassos, suas alegrias e tristezas, pois não era desejo meu dar num retiro uma aula de História da Igreja, pois isso podemos aprender nos livros. O que eu desejava era falar de uma experiência, de uma vivência na e com a Igreja nesses vinte séculos.

Depois de muito pensar, de muito rezar, optei por partilhar com participantes dos retiros e com futuros leitores minha própria experiência de Igreja a partir de tudo o que na minha vida fui vivenciando, aprendendo, estudando, comprovando, e tudo isso me leva a amar a minha Igreja e nela querer permanecer até o fim.

Assim, a Igreja é para mim esse ícone, essa imagem da Trindade de quem ela nasceu e sempre pela mesma Trindade vai sendo sustentada, mantida através dos séculos, não fora assim há muito ela já teria acabado, pois se a Igreja é, por seu Fundador, santa, ela é por seus membros pecadora.

A Igreja precisa de ininterrupta purificação e perene renovação na força do Espírito Santo para poder, no fim dos tempos, vir a ser: "Toda gloriosa, sem manchas, sem ruga, sem qualquer outro defeito semelhante, mas santa e irrepreensível" (Ef 5,27).

A Igreja, vinda da Trindade, vem portanto do Pai, Fonte criadora de tudo que existe. Vem do Filho Redentor, cujo sangue "lava e alveja as vestes" de todos aqueles que nela com ele peregrinam. (cf. Ap 7,14).

Vem do Espírito Santo que envolve com sua Luz, Amor, Fogo, ensinando-lhe, no decorrer dos séculos tudo o que ela "ainda não sabe e recordando tudo o que esquece, tudo o que o Filho ensinou" (cf. Jo 14,26).

Vinda do alto, brotando do seio da Trindade, a Igreja é também imagem da mesma Trindade: É *una*, na divindade, é *distinta*, na diversidade de seus membros que têm *dons, carismas, ministérios* diferentes, mas todos concedidos por um só e mesmo

Espírito, que faz circular dentro dela seu amor, sua luz, seu fogo.

São Paulo, escrevendo a seu discípulo Timóteo, diz: "A Igreja do Deus vivo é coluna e sustentáculo da verdade. É o Mistério da bondade divina, manifestada na Carne do Filho, justificado no Espírito Santo, visto pelos anjos, anunciado aos povos, acreditado no mundo, exaltado na glória" (1Tm 3,15b-16).

Para mim a Igreja é essa "Barca de Pedro" que a Trindade vai conduzindo pelos mares dos séculos. Mar às vezes calmo e tranqüilo, às vezes revolto e tempestuoso. Mas a essa barca não foi prometido que singraria os mares sempre tranqüilamente, mas foi prometido, garantido "uma chegada certa, ao desejado porto" (cf. Sl 106 (107), 26-30).

Aquele que tem palavras de "vida eterna" garantiu: "No mundo tereis aflições, mas tende confiança! Coragem! Eu venci o mundo" (Jo 16,33).

Prometeu: "Sobre esta pedra edificarei a minha Igreja e as portas do inferno não prevalecerão contra ela" (Mt 16,18). O verbo "prevalecer" usado no tempo futuro, subentende que essas forças vão tentar prevalecer — e como têm tentado!!! — mas não vão conseguir.

Poderão até ter a penúltima vitória, mas não terão a última, porque esta é "do Cordeiro imolado, morto mas ressuscitado" (Ap 5,6-12,11).

Assim, se creio nesse Deus Uno e Trino, se dele não duvido, se nele estou firmada, não posso deixar de crer na sua Igreja, não posso duvidar nem temer por seu futuro, pois tendo a sua origem na Trindade, à Trindade um dia ela retornará.

Por isso posso com toda convicção dizer: "Creio na Igreja, Una, Santa, Católica, Apostólica", é essa minha fé!

Por isso, os erros da Igreja — que são erros dos homens — em nada me abalam, pelo contrário, são para mim a sua glória, pois apesar de todos eles, ela continua atravessando os séculos.

Gostaria de falar, num segundo ponto, perguntando: *você ama a Igreja?*

Quando eu era menina, no colégio, nossa mestra de História da Igreja, uma francesa jovem, de lindos olhos azuis, dona de um sorriso que nunca abandonava seus lábios, apaixonada por Jesus, quando nos falava da Igreja, dizia com entusiasmo: "Mes enfants, il faut aimer l'église, elle est Jesus!" (Meninas é preciso amar a Igreja, ela é Jesus!).

Eu achava interessante aquele entusiasmo... e nem poderia imaginar e ela também não, que aquela sua convicção e aquele seu amor pela Igreja, estavam penetrando dentro de mim, formando o alicerce sólido, da minha fé na Igreja! Do meu amor a essa Igreja que ela dizia ser Jesus!

Passados 25 anos desde que saí do colégio, com um grupo de colegas, voltei lá e agradeci a ela aquelas aulas de História da Igreja e principalmente seu entusiasmo, que hoje me fazem crer e amar essa "Igreja que é Jesus".

Hoje sei que o que ela dizia é verdade, "Jesus é a cabeça da Igreja" (cf. Cl 1,18) e nós os membros cheios de imperfeições.

Muito mais tarde, lendo Carlo Carreto, em seu livro *Procurei e encontrei*, ele diz: "Para conhecer a Igreja, é preciso amá-la" e num capítulo audacioso ele a chama de "covil de ladrões" e depois constata que "nesse covil" Jesus está, e sem Jesus ele não pode viver!

Os apóstolos disseram, e cada um de nós diz: "A quem iremos nós, Senhor?" (Jo 6,68). Assim poderemos até criticar alguma coisa dentro da Igreja, se nós a amamos, poderemos dizer: quanto às vezes eu te contesto e, ao mesmo tempo, quanto eu te amo!

Portanto sei, comprovei, que é dentro dessa Igreja que às vezes erra, que às vezes ou esquece ou se omite que a Trindade opera: o Pai, sempre recriando, o Filho, sempre salvando, chamando, caminhando, o Espírito Santo sempre guiando, iluminando, ensinando, relembrando.

Amo a minha Igreja, porque foi a ela que Jesus entregou "as chaves do Reino dos Céus" (Mt 16,19).

Essas "chaves" são suas "palavras de vida eterna", os "Céus e a Terra passarão, mas elas não passarão" (Mt 24,35) e são essas palavras que me dão respostas, que me mostram o caminho, que me dizem o que Deus quer de mim.

Amo a minha Igreja, porque foi a ela que Jesus entregou sua carne e seu sangue, dizendo "Fazei isto em memória de mim" (Lc 22,19) e cada vez essa memória é renovada. Sua carne e seu sangue me penetram, me renovam, dando-me nova vida, essa vida que ele prometeu: "Quem comer minha carne e beber meu sangue tem a vida eterna" (Jo 6,53).

É na força da eucaristia que a Igreja é missionária, pois "a Igreja faz a eucaristia e a eucaristia faz a Igreja" e assim toda ela é missionária e evangelizadora.

Como terei eu força, disposição, alegria para evangelizar, para cumprir a ordem de Jesus: "Ide por todo o mundo e ensinai a observar tudo que eu vos prescrevi" (Mt 28,19-20). Como poderei levar a vida que levo há trinta anos sem a força dessa carne e desse sangue?

No final de 1999, o prazo da minha carteira de motorista terminou, fui tirar uma nova carteira. Lá chegando, a pessoa encarregada perguntou, olhando na carteira velha a data de meu nascimento (1917):

— A senhora ainda quer renovar a carteira?

— Claro, por isso estou aqui!

— Então vamos fazer o exame, como está sua pressão?

— Eu vim para a senhora verificar.

Verificada a pressão ela disse:

— Muito boa, 12 por 8. Vamos ao exame da vista...

— Muito bom. Mas vamos ver agora seu equilíbrio. Junte os pés e estenda as duas mãos.

Fiz o que ela mandou, nada tremeu... ela disse:

— Que bom equilíbrio a senhora tem! Toma algum remédio?

— Tomo todos os dias dois: vitamina e eucaristia.

— Eucaristia? Disse ela de olhos bem abertos.

— É eucaristia, é ótimo, a senhora experimente!

Ela sorriu, me abraçou e depois disse: "A semana santa vem aí, vou ver se faço uma boa confissão e comungo. A senhora conhece algum padre bom?" Conheço, e dei o telefone de Dom Tepe a ela.

Não sei o que aconteceu... mas espero que ela tenha seguido a receita de meu "remédio"!

Ah! Se muitos tomassem esse "Remédio", essa Transfusão de Sangue diária, esse Plasma Divino, como teríamos gente mais forte, mais alegre, mais entusiasmada e certamente muitos remédios iriam ficar nas prateleiras das farmácias!

Precisamos ter mais fé nas Palavras de Jesus: "Em verdade, em verdade vos digo. Se não comerdes a Carne do Filho do homem e não beberdes o seu Sangue, não tereis a vida em vós mesmos" (Jo 6,53).

Também não posso esquecer de que ele disse: "Desejei ardentemente comer convosco esta Páscoa" (Lc 22,15) se ele deseja ardentemente vir a mim, não o desejaria eu também ir a ele?

Desde o Antigo Testamento esse desejo foi expresso: "Todos vós que estais sedentos, vinde à nascente das águas. Vide comer vós que não tendes alimento. Vinde comprar trigo sem dinheiro, vinho e leite sem pagar" (Is 55,1).

Ele nos dá tudo de graça e muitos nem ligam, vão desfalecendo, ficam anêmicos, não agüentam a caminhada da vida.

Tenho ainda uma pergunta a fazer: *O que você faz por sua Igreja?* Trabalha? Ajuda? Usa? Critica?"

Há muitos anos, Freitas de Alagoinhas, fez Cursilho em Salvador, nesse tempo dom Romer ainda não era bispo, morava em Salvador, era capelão das Sacramentinas e trabalhava muito nos Cursilhos. Freitas aproveitou para conversar com ele e disse tudo de errado que achava na Igreja: Inquisição, riquezas, papas, padres que fizeram e fazem coisas erradas e tudo mais que quis dizer. Dom Romer escutou tudo pacientemente e quando ele terminou disse: "Estou de pleno acordo com tudo o que você falou, sei tudo isso e até muito mais, agora lhe digo: 'para criticar já temos muita gente, você quer ajudar a melhorar?' "

Quando Freitas me contou esse fato, disse: "Foi mesmo uma pancada na minha cabeça!" Hoje, Freitas e Augusta, moram em Niterói e lá sem cessar trabalham, atuam na Igreja.

Quantos outros "Freitas" vivem por aí que só sabem criticar, julgar, dizer o tal "eu acho..." mas não se preocupam em trabalhar, em ajudar, em dar sua colaboração, principalmente por seu testemunho de vida.

Se fizermos assim iremos certamente diminuindo "as rugas e a manchas da Igreja" para que ela venha a ser mais depressa "santa, toda gloriosa, irrepreensível" (Ef 5,26-27).

"A Igreja precisa de santos e de santas" disse o papa João Paulo II quando esteve aqui no Brasil. Precisa de cristãos católicos que amem a Igreja e por ela trabalhem. Que sejam ciosos de manter a sua unidade na diversidade e não de destruir e romper essa unidade. Disse o teólogo Congar: *"A unidade é o bem mais precioso que a Igreja possui"* e Jesus já havia avisado: "Todo Reino dividido contra si mesmo, será destruído" (Mt 12,25).

Zelamos por essa unidade? Ou vivemos fofocando, passando adiante qualquer notícia que fere essa unidade?

Trabalhamos por nossa Igreja usando para isso os dons e carismas que gratuitamente recebemos?

Nos lugares, na posição social ou política, em nosso trabalho, na família, na sociedade, trabalhamos por nossa Igreja?

Procuramos estudar sua História para ver e mostrar como através dos séculos, apesar de tudo o que aconteceu e acontece, a Barca de Pedro vai singrando os mares do tempo e assim será até o fim, até a chegada à "Cidade Santa, a Jerusalém Celeste?" (Ap 22,19).

Não esqueçamos que no decorrer dos tempos tudo se repete, o mundo com algumas mudanças é sempre o mesmo. Ouvimos na TV, Bóris Casói dizer diante dos horrores que acontecem: *"isto é uma vergonha!"* e, há séculos e séculos passados o salmista dizia: "Dia e noite percorrem suas muralhas, no seu interior só há injustiça e opressão. Grassa a astúcia no seu meio, a iniqüidade e a fraude não deixam suas praças" (Sl 54 (55),11-12). Também não é isso uma vergonha???

Procuremos pois conhecer, amar, trabalhar por nossa Igreja e não esquecer que realmente "Ela é Jesus!" Ela é ícone da Trindade Santa, Pai, Filho. Espírito Santo.

Sétima Reflexão

"MARIA DE NAZARÉ, PRIMEIRO TEMPLO DA TRINDADE"

Leia, pausadamente, três vezes Lucas 1,26-35.

"Apareceu no céu um grande sinal: uma Mulher revestida de sol, a lua debaixo dos pés e na cabeça uma coroa de doze estrelas. A Mulher estava grávida". (Ap 12,1-2).

Em algumas festas de nossa Senhora, a Igreja na sua liturgia usa esse texto referindo-se a nossa Senhora. Ela é "essa Mulher revestida de Sol" e esse Sol é o próprio Deus que "a revestiu": "O Espírito Santo descerá sobre ti, e a força do Altíssimo te envolverá com a sua sombra" (Lc 1,35).

"O Senhor Deus é o nosso Sol" diz o salmista (Sl 83 (84),12).

Sabemos, pelos evangelhos, algumas coisas sobre nossa Senhora, mas a verdade é que sabemos muito pouco, pois da sua vida íntima com a Santíssima Trindade, na qual ela é: a filha do Pai, a mãe do Filho e a esposa do Espírito Santo, que sabemos nós?

Lucas nos diz que "Ela guardava todas as coisas no seu coração" (Lc 2,51b); e as guardava certamente muito bem guardadas, pois delas nada sabemos! Ela guardava muito bem guardado esse "segredo do Rei que é bom conservar escondido" (cf. Tb 12,7).

Mas cada um de nós, se já experimentou momentos de intimidade com o Senhor, pode fazer uma pequena idéia do que seriam esses momentos que Maria tão bem guardou no seu coração!!!

Santo Agostinho nos diz: "Maria, antes de ficar grávida de Deus em seu seio, dele já estava grávida, pela Palavra, em seu coração".

Assim podemos bem pensar quanto nossa Senhora era leitora assídua e conhecedora das Escrituras, por isso antes de dar seu seio para o Filho nele ser gerado e dela nascer, já a Trindade a havia engravidado, porque nela encontrou um coração pobre, vazio, de porta aberta.

Nessa imagem de nossa Senhora da Santíssima Trindade que vemos na quarta capa deste livro, podemos ver que a Trindade ocupa totalmente o coração de Maria de Nazaré.

Nesse coração havia lugar para a Trindade e mais ninguém, mais nada!

Diz Thomas Merton: "A Maria foi concedido um vazio, uma solidão interior, para que ela pudesse receber o Filho em seu seio, para dá-lo ao mundo, oferecendo-lhe a hospitalidade de um ser perfeitamente puro, silencioso, tranqüilo, em paz total. E principalmente na mais perfeita e humilde Serva do Senhor". (Thomas Merton, *Sementes de Contemplação* p. 168).

Toda a grandeza de nossa Senhora está na sua pequenez de Serva do Senhor que nada tem ou retém, e, por isso, "o Senhor fez nela maravilhas" (Lc 1,49). Ela é, ao mesmo tempo, vazia e cheia de graça, plena da plenitude da Trindade.

Ao entrarmos neste novo milênio, necessitamos muito modificar nossa devoção a nossa Senhora, precisamos não tanto nos preocupar em pedir coisas, mas a lhe pedir que nos ensine, que nos ajude a nos esvaziar de tanta coisa que entulha, atravanca nosso coração!

Pedir que, aos poucos, "nosso coração de pedra, passe a ser um coração de carne" (Ez 11,18-20) pois a pedra não pode conceber, absorver.

Mas só quando "os ídolos e os objetos abomináveis forem extirpados" (Ez 11,18) o coração de carne poderá aparecer.

Começamos este retiro procurando ver o que teremos de fazer para *"preparar a casa para receber a Trindade"*, ninguém melhor do que nossa Senhora poderá nos ajudar nessa preparação, ela que foi a primeira discípula da Trindade e se tornou para todos nós Mãe e Mestra. Ela que foi a primeira a ser evangelizada e se tornou a primeira evangelizadora, peçamos que também nós "sejamos revestidos de Sol", possamos viver numa maior intimidade com o Pai, o Filho, o Espírito Santo, por meio da oração pessoal, da meditação da Palavra, da eucaristia e assim possamos também nós levar esse Deus Uno e Trino a muitos, ensinando, ajudando a conhecer e viver em intimidade com o Pai, o Filho e o Espírito Santo.

Desejo que depois deste retiro você possa dizer:

Eu não tenho mais medo de nada

Patriarca Atenágoras

A mais dura das guerras é a guerra contra
si mesmo. É preciso chegar até desarmar-se.

Tenho lutado nesta guerra durante anos.
Foi terrível. Mas hoje estou desarmado.
Não tenho mais medo de nada, porque
o amor lança fora o temor.

Estou desarmado da vontade de ter razão,
e justificar-me, desqualificando os outros.
Não estou mais em guarda, na defensiva,
ciumentamente crispado sobre minhas riquezas.
Acolho e partilho.

Não estou apegado, particularmente às
minhas idéias, aos meus projetos.
Se alguém me apresenta outras melhores,
aliás, não só melhores, mas simplesmente boas,
aceito-as sem mágoa.

Renunciei ao comparativo. Aquilo que é
bom, verdadeiro, real, é sempre o melhor
para mim.

Por isso eu não tenho mais medo.
Quando não se tem nada, não se tem mais medo.

Se estamos desarmados, despojados,
abertos ao Deus-Homem, que faz novas
todas as coisas, ele apaga o passado ruim,
e nos traz um tempo novo onde tudo é possível.

Carmita

Apêndice

Quanto mais caminho pela trilha dos retiros, mais vou experimentando e tendo certeza, de um lado da Presença e da Força do Espírito Santo iluminando e abrasando os corações pela Palavra, e, de outro lado, a minha pequenez e impotência. Sou apenas um pequeno microfone pelo qual passa essa "brisa suave" (1Rs 19,12) que é a voz do Senhor, esse "vento que ninguém sabe de onde vem e para onde vai, fala a quem quer, como quer e quando quer" (Jo 3,8) e o Senhor, só ele, toca os corações, lhes fala e os vai transformando.

Cada retiro, embora o tema seja o mesmo (o deste ano foi: "Deus, Uno e Trino") em cada um acontece algo diferente, o que posso avaliar pelas partilhas que faço à noite, nas quais os participantes dizem o que mais os tocou, o que o Senhor lhes falou através das suas reflexões pessoais.

O Senhor é, como bem o disse Carlos Carreto, "A Eterna Novidade".

Desejo ao final deste livrinho deixar registrado algo de muito diferente e especial que experimentei em dois retiros, entre os muitos que dei este ano.

O Retiro para a "Pastoral de Casais em Segunda União"

realizado em Niterói no dia 10 de junho de 2000

Foi só um dia, um sábado. Foi como se o Senhor novamente, depois de 2.000 anos quisesse mostrar que não respeita a "Lei do sábado", da qual eram tão ciosos os rabinos, escribas e fariseus, mas olha o profundo do coração, querendo salvar os pequenos e os marginalizados, quer de ontem, quer de hoje, quem tiver entendimento entenda...

Aconteceu assim em março de 2000, quando recebi um telefonema de Alerçon. Ele e sua esposa Carolina, foram encarregados pelo arcebispo Dom Carlos Alberto, de dirigir a Pastoral para Casais em Segunda União; o Alerçon me pedia para dar um retiro para esses casais. Respondi que não podia aceitar o convite, pois já tinha vinte retiros este ano. Pedi desculpas e pensei que o caso estava encerrado.

Mas em abril ele voltou a telefonar insistindo:

— "Carmita, por favor, venha dar o retiro, tenho certeza de que você vai fazer um grande bem a esses casais".

Então respondi bem francamente: "Alerçon, não só estou com a agenda muito cheia, mas também realmente não gostaria de dar esse retiro, pois só gosto de falar do concreto, daquilo que já passei, vivo, experimento e nunca fiz a experiência de um segundo casamento. Por favor não insista, arranje outra pessoa".

Depois desse segundo telefonema conversei com Dom Tepe sobre o assunto e ele concordou que realmente seria algo muito difícil para mim dada a minha falta de experiência no assunto, principalmente a minha vivência eucarística, tão vital para mim, mas aconselhou que eu rezasse para ver o que Deus estaria querendo me dizer.

O Alerçon realmente é do tipo "água mole em pedra dura tanto bate até que fura" e assim voltou a telefonar outra vez renovando o pedido. Aí fui bem clara:

— "Olha, Alerçon, não posso mesmo aceitar esse pedido, tive uma formação muito sólida, muito forte sobre o casamento, apesar de me ter casado aos 18 anos de idade, sabia muito bem o que ia fazer, o que é o casamento cristão, o que significaria na minha vida esse 'até que a morte os separe'. Em segundo lugar tive a sorte de ter tido durante 45 anos um marido que realmente me amou, foi fácil conviver com ele. Em terceiro lugar está o que se refere à eucaristia, ela é o ar que respiro, o alimento que me sustenta na caminhada, assim sendo por favor arranje outra pessoa".

Mas depois desse terceiro telefonema, uma manhã na minha oração, o Espírito Santo, esse que "nos recorda tudo que Jesus ensinou" (cf. Jo 14,26) lembrou bem claramente esta passagem do Evangelho: "Quem um dia coloca a mão no arado e olha para trás, não está apto para o Reino de Deus" (cf. Lc 9,62). Então pensei que há 32 anos prometi ao Senhor colocar a mão nesse arado e não olhar para trás. Não estaria eu olhando para trás querendo escolher a tarefa que desejava fazer, as pessoas a quem desejava falar? Diante disso, disse ao Senhor: "Olha Senhor, não vou telefonar para o Alerçon, mas se ele voltar a pedir eu vou aceitar."

Dois dias depois o Alerçon telefonou, eu nem deixei ele falar, fui logo dizendo: "Já aceitei, irei dar o retiro. Você ganhou!"

Comecei então a me preparar, a rezar, a estudar vendo o que iria dar nesse retiro. Mas embora já tendo aceito, no fundo continuava com medo pensando o que aconteceria no retiro.

Deus, porém, é realmente Deus e sua Palavra é essa "faca afiada de dois gumes que nos penetra e vai nos fazendo discernir a sua vontade" (Hb 4,12). Assim, no dia 2 de junho, na Missa, a primeira leitura da liturgia diária era dos Atos, e aí ele me dizia:

"Vá, fale e não te cales. Eu estarei contigo. Lá tem um povo que me pertence" (At 18,9-10). Não podia ser mais claro. Foi como se, num passe de mágica, o medo, as dúvidas, as preocupações me abandonassem e a coragem, a alegria, a paz se apossassem de mim. Eu tinha de ir, falar, ele estaria comigo, o povo que eu lá encontraria era dele.

Serena, alegre, confiante, no dia 10 de junho cheguei a Niterói e lá encontrei 56 casais a minha espera, estava diante de um auditório que "era dele".

Fiz uma primeira reflexão: "uma realidade a aceitar".

A primeira realidade era a minha, a única de que eu podia falar por tê-la experimentado: uma sólida e profunda preparação para o casamento. Um marido que durante 45 anos me amou, não só na cama, mas me amou como pessoa humana, nunca me sonhou, bem ao contrário, me aceitou com meus erros, defeitos e qualidades. Sempre respeitou meus gostos, minhas preferências, meus pontos de vista, nunca se colocou como meu amo e senhor, mas foi o companheiro da caminhada por entre dias alegres e tristes que todo casamento tem. Foi fácil conviver com ele. Eu pensava: e se não tivesse sido assim, que teria acontecido? Eu teria me separado? Teria contraído um novo casamento? Eram essas perguntas que me davam medo de vir falar a vocês, pois não sei qual é a realidade de cada casal que aqui está. Só Deus sabe.

Por isso mesmo, não vim aqui para doutrinar e muito menos para julgar e condenar. Aqui vim como uma enfermeira que com mãos carinhosas toca os pacientes a ela confiados; vim como uma mãe que amorosamente leva seus filhos procurando lhes mostrar novos caminhos. Desejo apenas lhes dizer que, por favor, não se sintam mais pecadores do que muitos outros casais que vivem o primeiro casamento; Deus sabe como o vivem! Sintam-se amados por Deus, vocês são "o povo que lhe pertence", foi o que ele me disse quando no dia 2 de junho li esta passagem da liturgia: "vá, fale e não te cales. Eu estarei contigo. Lá tem um povo que me pertence." Foi essa certeza que me fez vir aqui falar a vocês e lhes dizer que "não se excluam nem se sintam excluídos do abraço do Pai", esse Pai de amor, ternura e misericórdia.

A realidade de vocês só o Senhor a conhece e julga, vão pois agora para a capela e falem com ele, conversem sobre essa realidade. Nessa altura muitos choravam.

Num segundo tempo passei para eles o filme do amor do Pai misericordioso. Esse filme, tão cheio da ternura e do amor do Pai, agiu neles mais do que qualquer palavra que eu pudesse lhes dizer.

À tarde fiz outra reflexão: "Um novo caminho a seguir". Comecei fazendo duas perguntas:

"Vocês amam a Igreja"?

"Vocês querem permanecer nela"?

Tendo as respostas sido positivas procurei lhes mostrar como é difícil para a Igreja passar por cima das palavras tão fortes e claras de Jesus: "Eu vos declaro que todo aquele que rejeita sua mulher, exceto no caso de matrimônio falso, e esposa uma outra, comete adultério. E aquele que esposa uma mulher rejeitada, comete também adultério" (Mt 19,9).

Mas quem sabe não poderá também a Igreja se apoiar numa outra palavra de Jesus?: "Aqueles a quem perdoardes os pecados, ser-lhes-ão perdoados; aqueles a quem os retiverdes, ser-lhes-ão retidos" (Jo 20,23).

A Igreja Ortodoxa já não aceita uma segunda união? Lá também não está o Espírito Santo? Lá não estão excelentes teólogos e homens de oração? Por que ela aceita o segundo casamento?

Não me cabe aqui entrar nem querer resolver esse assunto, a mim só me cabe dar a vocês outro caminho que os possa conduzir a viver alegres, felizes e em paz.

1 – *O Caminho da Oração Pessoal.* Essa oração que, como disse santa Teresa D'Ávila,

é uma conversa íntima com alguém que amamos e de quem nos sentimos amados. Digam a ele o que lhes vai ao coração, o que os machuca e o que os faz sofrer, não esqueçam que ele disse: "Vinde a mim vós todos que estais cansados sob o peso de duro fardo e eu vos aliviarei" (Mt 11,28).

2 – *A Palavra de Deus*. Cada dia leiam, meditem, mastiguem um pequeno trecho da Bíblia, e essa Palavra irá penetrando em vocês e lhes dará respostas para tudo.

3 – *A Eucaristia Contemplada*. Se não lhes é permitido recebê-la, quem os poderá proibir de contemplá-la? Sentem diante de Jesus no sacrário e verão que dali jorram amor, paz, ternura e força. Ali receberão as respostas necessárias para sua caminhada.

Quando eu era menina, muitas vezes, meu pai me disse: "Filha, se encontrar uma pedra no seu caminho, não chute, ela irá ferir seu pé, contorne, rodeie."

A vida colocou uma pedra no caminho de vocês e vocês a estão chutando e ela está ferindo vocês. Vamos rodear tendo a certeza de que o Pai de ternura os ama, os acolhe como acolhe a todos os seus filhos da primeira e da segunda união. Quem sabe até acolhe com mais ternura aqueles que precisam mais dele. Não é a ovelha desgarrada que ele vai procurar e achando-a a carrega nos ombros? (cf. Lc 15,4-5).

Sintam-se pois amados e escolhidos pelo Pai, pelo Filho e pelo Espírito Santo.

Terminando fomos todos para a capela e lá entreguei ao Senhor esse "povo que é dele" pedindo que os guarde, conduza e ilumine dando-lhes alegria e paz.

Assim terminou o retiro entre abraços, beijos e agradecimentos.

Quanto a mim voltei para o Rio também feliz e alegre, mas ainda mais convicta de que é ele quem age, é ele quem toca os corações, ilumina e transforma. Convicta de que o pregador de retiro é apenas o pequeno microfone que precisa viver com as baterias carregadas, em sintonia com o Senhor pela oração pessoal, pela eucaristia diária, que cada vez mais vão estreitando os laços de intimidade, o que lhe permite transmitir a Palavra, sem que seja necessário, como diz são Paulo: "Recorrer a uma linguagem elevada ou ao prestígio da sabedoria humana, sem preocupação alguma com discursos persuasivos" (1Cor 2,1-5), mas deixando o Espírito Santo livremente passar e fazer o trabalho nesse povo que lhe pertence.

O retiro de Fortaleza, uma réplica
da parábola do grande banquete
(cf. Lc 14,16-24)

Há muitos anos venho dando retiros em Fortaleza, geralmente os participantes são pessoas que passaram pelo "Cursilho de três dias" ou pertencem a outros movimentos, como "Encontro de Casais com Cristo", "Equipe de Nossa Senhora", "Oficina de Oração" e outros.

Em 2000, o retiro estava marcado para os dias 28-29-30 de julho. Na véspera da minha viagem, recebi um telefonema da Solange. Ela queria me avisar que o retiro deste ano seria diferente.

— Como assim?, perguntei.

— É que até o mês passado a Evanise (pessoa encarregada de fazer as inscrições para o retiro) ainda não tinha nem dez pessoas inscritas. Aconselharam-na a telefonar cancelando o retiro, mas ela não se conformando com isso, apelou para mim, para o Pedro, para o Roberto e a Tânia e nós fomos arranjando candidatos. Só que essas pessoas nunca fizeram retiro, nem estão habituadas a ler a Bíblia. Então resolvi lhe telefonar, pois não sei se você vai conseguir ter um retiro no clima em que está habituada, nem se vai haver o silêncio.

— Bem filha, agradeço o aviso, mas creio que é ao Espírito Santo que você deve dizer tudo isso. É ele quem dá o retiro, eu sou apenas o microfone. Amanhã estarei aí.

Na sexta-feira cheguei ao local onde o retiro ia se realizar: a Serra de Guaramiranga. Lá encontrei 76 participantes. Comecei como sempre dando os avisos necessários. Fiz as três leituras do trecho escolhido: Lc 2,1-7. Depois de um tempo dado para a reflexão pessoal pedi que quem quisesse dissesse a palavra ou o versículo que mais lhe tinha tocado. Poucos falaram.

No sábado fiz as três reflexões marcadas e para meu espanto alguns já começaram a falar alguma coisa sobre os trechos lidos e meditados. Mas a maravilha aconteceu mesmo foi na partilha à noite. Admirada e feliz, eu ouvia aquelas pessoas — homens e mulheres — falarem do que a Palavra de Deus lhes havia dito, como os havia tocado. Eles mesmos se declaravam "analfabetos de Bíblia" e estavam felizes descobrindo o que o Senhor lhes dissera.

Durante o dia, na 3ª reflexão, "Viver com o Pai" eu havia falado sobre a necessidade de perdoar, pois o perdão é a chave que abre o coração de Deus para nós. Quase ao fim da partilha, um homem levantou-se, veio para frente e contou como há algum tempo tinha um problema de perdão com uma pessoa que ali estava participando do retiro. Ele falava emocionado e ao final chamou a pessoa, e diante de todos, os dois se abraçaram... e essa pessoa tinha chegado na véspera do retiro de São Paulo, Roberto o convidara e ele aceitou o convite!

Eu chorava de emoção constatando tudo aquilo que o Espírito Santo operava naquelas pessoas que nunca tinham feito retiro, nem liam a Bíblia!

Terminada a partilha, fui para meu quarto, mas não conseguia dormir. Fazia muito frio, estava cansada, queria dormir, dizia: "Jesus, por favor, cale meus pensamentos, preciso dormir". De repente, surgiu na minha mente a Parábola do Banquete!

Meu Deus, há quase 2.000 anos aquela parábola fora dita por Jesus e eu a tinha visto se realizar naquele retiro!

Sim, o banquete tinha sido preparado, o retiro marcado desde o ano passado, a Evanise fizera os convites, mas os convidados não aceitaram. Então Solange, Pedro, Roberto e Tânia tinham saído pelas praças convidando os que foram encontrando "e a sala do banquete se encheu". Eram "cegos, cochos, surdos, aleijados", eram aqueles que nunca tinha feito retiro, nem liam a Bíblia!

Eles ali estavam e dali iriam sair com olhos que vêem, ouvidos que ouvem, pernas que andam, entendimento que compreende! Então adormeci tranqüilamente.

No dia seguinte, domingo, li para eles a parábola do banquete e eles compreenderam que o Senhor mesmo os havia convidado, ali os trouxera para lhes falar ao coração.

À tarde, felizes, alegres, deixaram o Tabor da Serra de Guaramiranga e desceram para a planície de Fortaleza, onde certamente irão viver uma vida nova.

Esse retiro de Fortaleza foi para mim um presente, uma bênção, renovou minhas forças para que eu continue levando para muitos essa Palavra de Deus que penetra os corações e tudo vai transformando.

O retiro de Macaé

Fazenda Oratório

Quero ainda dizer uma palavra sobre o retiro de Macaé, na Fazenda Oratório. É a terceira vez que dou retiro nessa Fazenda.

Sempre que chego à Fazenda Oratório, para o retiro, tenho a impressão de estar vivendo a "Utopia do Reino", descrita em Isaías 11,6-9: "O lobo será hospede do cordeiro, a pantera se deitará ao pé do cabrito, o touro e o leão comerão juntos e um menino pequeno os conduzirá; a vaca e o urso se confraternizarão, suas crias repousarão juntas e o leão comerá palha com o boi. A criança de peito brincará junto à toca da víbora, e o menino desmamado meterá a mão na caverna da áspide. Não se fará mal nem dano em todo esse monte santo."

Realmente, a Fazenda Oratório é esse "monte santo", nesse retiro ricos e pobres, sábios e analfabetos, patrões e empregados, vaqueiros, pessoas das comunidades vizinhas se reúnem para ouvir e meditar a Palavra, rezar, cantar, louvar o Senhor num clima de fraternidade.

Ali todos são felizes, cada qual no lugar onde Deus o colocou, pois todos se sentem o que realmente são: pessoas humanas, imagens do Deus que as criou.

Ali ninguém tem raiva, ódio, pensa em roubar, assaltar, matar, a violência não habita naquele "Monte Santo"!

No dia que fui para Macaé, pela manhã no Rio, li no jornal O Globo, na primeira página uma manchete em grandes letras: "O Governo vai liberar três bilhões para acabar com a violência". Dei risada! Meu Deus! Nem três, nem vinte bi vão conseguir acabar com a violência. Ela tem raízes profundas, vem da desigualdade de vida, do egoísmo e da ganância que geram "ricos cada vez mais ricos, pobres cada vez mais pobres". Ela vem das injustiças e do desamor.

Em vez de liberar tantos bis, melhor seria irem à Fazenda Oratório num retiro e aprender o que acabará com a violência: a Fraternidade, a Partilha, o Amor, a Ternura e o Carinho, é isso que impede toda e qualquer violência.

Oxalá muitos ricos abram suas Fazendas e lá deixem acontecer esse "Sinal do Reino do Messias".

Como me sinto bem nesse retiro!

Terminando quero agradecer a Deus esta tarefa que ele me deu de dar retiros, nos quais tão visivelmente sinto sua Presença, renovando as minhas forças e me fazendo experimentar a imensa felicidade de ver tanta gente encontrar um caminho de alegria e de paz.

"Dai, e dar-se-vos-á, colocar-vos-ão no regaço uma medida boa, cheia, recalcada e transbordante" (Lc 6,38).

Ele prometeu e tem cumprido a promessa!

Sumário

Carta-Dedicatória 5

Apresentação 7

Tema do Retiro Espiritual – Ano 2000
"Deus Uno e Trino" 11

Primeira Reflexão
"Preparar a 'Casa' para receber a Trindade" 13

Segunda Reflexão
"O que é inabitação Divina?" 23

Terceira Reflexão
"Viver com o Pai" 31

Quarta Reflexão
"Viver com o Filho" 39
Meditação: "Vem sem nada" 53

Quinta Reflexão
"Viver com o Espírito Santo" 57
Seqüência do Espírito Santo – Pentecostes 65

Sexta Reflexão
"A Igreja Ícone da Trindade" 67

Sétima Reflexão
"Maria de Nazaré, primeiro templo da Trindade" 79
"Eu não tenho mais medo de nada" 83

Apêndice 85

– *O retiro para a "pastoral de casais em segunda união"* 87

– *O retiro de Fortaleza, uma réplica da parábola do "grande banquete" (Lc 14,16-24)* 95

– *O retiro de Macaé – Fazenda Oratório* 99

Impresso na gráfica da
Pia Sociedade Filhas de São Paulo
Via Raposo Tavares, km 19,145
05577-300 - São Paulo, SP - Brasil - 2002